BEI GRIN MACHT SICH II... WISSEN BEZAHLT

Susann Metzler

Groupware Systeme

Definition, Arbeitsweise und betriebliche Einsatzmöglichkeiten

GRIN Verlag

Bibliografische Information der Deutschen Nationalbibliothek:

Die Deutsche Bibliothek verzeichnet diese Publikation in der Deutschen National-
bibliografie; detaillierte bibliografische Daten sind im Internet über http://dnb.d-
nb.de/ abrufbar.

Impressum:

Copyright © 2002 GRIN Verlag GmbH
Druck und Bindung: Books on Demand GmbH, Norderstedt Germany
ISBN: 978-3-638-94928-6

Dieses Buch bei GRIN:

http://www.grin.com/de/e-book/90641/groupware-systeme

GRIN - Your knowledge has value

Der GRIN Verlag publiziert seit 1998 wissenschaftliche Arbeiten von Studenten, Hochschullehrern und anderen Akademikern als eBook und gedrucktes Buch. Die Verlagswebsite www.grin.com ist die ideale Plattform zur Veröffentlichung von Hausarbeiten, Abschlussarbeiten, wissenschaftlichen Aufsätzen, Dissertationen und Fachbüchern.

Besuchen Sie uns im Internet:

http://www.grin.com/

http://www.facebook.com/grincom

http://www.twitter.com/grin_com

GROUPWARE SYSTEME

– DEFINITION, ARBEITSWEISE UND BETRIEBLICHE EINSATZMÖGLICHKEITEN

Seminararbeit zur Erlangung eines Leistungsnachweises
im Fach Wirtschaftsinformatik

vorgelegt an der

Hochschule für Bankwirtschaft
Private Fachhochschule der BANKAKADEMIE

im Sommersemester 2002

von: Susann Metzler

       6. Fachsemester

INHALTSVERZEICHNIS

TABELLENVERZEICHNIS

ABBILDUNGSVERZEICHNIS

ABKÜRZUNGSVERZEICHNIS

ADSL	Advanced Digital Subscriber Line
CAD	Computer Added Design
CRM	Customer Relationship Management
CSCW	Computer Supported Cooperative Work
ICQ	‚I seek you‘
ISDN	Integrated Services Digital Network
LAN	Local Area Network
UMTS	Universal Mobile Telecommunications System
WAN	Wide Area Network
WWW	World Wide Web
WYSIWIS	What You See Is What I See

1 EINLEITENDE ERLÄUTERUNGEN

Seitdem es möglich ist, Computer über Netzwerke zu verbinden, versuchen Wissenschaftler und Fachleute, durch die sich daraus ergebenden technischen Möglichkeiten die betriebliche Zusammenarbeit zu erleichtern und effektiver zu gestalten. So vielfältig wie dabei der Bedarf unterschiedlicher Unternehmen aus verschiedensten Branchen ist, so vielfältig sind auch die Ansätze zur Lösung und damit die Anzahl der Groupware Systeme. Trotzdem lassen sie sich grob in einige Kategorien einteilen.

Nach der folgenden Definition und Begriffsabgrenzung sowie einer kurzen Vorstellung zweier nicht-funktionaler Klassifizierungsansätze werden die bereits erwähnten Kategorien näher beschrieben. Dies stellt den Kern der Arbeit dar. Anschließend geht der Autor noch auf Problembereiche des Einsatzes von Groupware Systemen ein und gibt zwei Anwendungsbeispiele.

1.1 DEFINITION

Der Begriff Groupware wurde erstmals 1982 von P. & T. Johnson-Lenz geprägt. Es handelt sich dabei um eine Art Wortspiel, welches man etwa mit „Software für die Gruppe" übersetzen würde.[1]

Inhaltlich versteht man darunter die Bemühungen, in Forschung und Praxis arbeitsteilige Prozesse und Teamprojekte mit Hilfe der Informations- und Kommunikationstechnologie zu unterstützen und effektiver zu gestalten.[2] Die ebenfalls geläufige Bezeichnung *computer supported cooperative work (CSCW)* wird diesem Ideengehalt gut gerecht.

Ziel des Einsatzes von Groupware Systemen ist somit u.a. die Intensivierung bestehender und Schaffung neuer Informationskanäle sowie Arbeitsgruppen schnellen und einfachen Zugriff auf benötigte und aufgabenrelevante Informationen zu geben. Bei richtigem Einsatz können zusätzlich die Identifizierung der Mitarbeiter mit ihrer Gruppe und die Motivation gesteigert werden.

1.2 ABGRENZUNG

1.2.1 zu Workflow Management

Workflow Management, also Vorgangssteuerung, wird in der Literatur oft als Teilanwendung von Groupware Systemen betrachtet, da es bei beiden um die Unterstützung von Geschäftsprozessen geht, bei denen die Koordination und Kommunikation zwischen den Aufgabenträgern eine große Rolle spielt. Die geeignete Plattform bildet jeweils ein Client-Server-System. Während man mit Groupware jedoch auch Vorgänge, die nicht von vorn herein geregelt sind bzw. sich auch noch in verschiedenen Teilstadien ihrer Bearbeitung befinden, positiv beeinflussen kann, steht beim Workflow Management „... die Kontrolle und

---

[1] Vgl. Heinrich (1998), S. 244
[2] Vgl. Stickel (1997), S. 136

Steuerung von Routinegeschäftsvorfällen im Vordergrund ...“[3]. Moderne Groupware-Konzepte beinhalten deswegen auch oft Workflow Management Elemente.

1.2.2 zu Wissensmanagement

Bei dem noch wenig ausgeprägten Begriff Wissensmanagement geht es darum, „... wie das in Institutionen vorhandene individuelle und organisatorische *Wissen* mit Hilfe moderner *Informations- und Kommunikationstechnik* systematisch genutzt und weiterentwickelt werden kann.“[4]   Bei diesem technischen Ansatz können insbesondere Groupware Systeme zum Einsatz kommen. Umgekehrt kann ein funktionierendes Wissensmanagement die Effizienz von Groupware unterstützen, indem eine breite, einheitliche Wissensbasis für eine gesamte Gruppe geschaffen wird und deren Arbeitserfolg immer weniger an bestimmte Personen gebunden ist. Es herrscht quasi eine symbiotische Beziehung zwischen Groupware und Wissensmanagement.

1.2.3 zu Data Warehouse Technologie

Auch zwischen Groupware und Data Warehouse Systemen kann es einen Austausch geben, jedoch sind sie für recht unterschiedliche Zwecke konzipiert. Die Hauptunterschiede sind die Beschränkung des Data Warehouses auf spezifische Benutzergruppen, hauptsächlich Manager und Entscheidungsträger, sowie die fehlende Kommunikationsunterstützung.

---

[3] Stickel (1997), S. 783
[4] Kempis (1998), S. 203 f.

2 KLASSIFIKATIONSANSÄTZE

Es gibt unterschiedliche Auffassungen darüber, was Groupware Systeme darstellen, zu welchem Zweck sie einzusetzen sind und welche Leistungsmerkmale sie zu erfüllen haben. Nach Stickel können folgende Merkmale zur Klassifizierung herangezogen werden:[5]

- Gleichzeitigkeit (synchron, asynchron)
- räumliche Entfernung (nah, fern)
- Kommunikationsform (direkt, indirekt)
- Gemeinsamkeit der Ziele (gemeinsame, unterschiedliche)
- Aufgabenstellung (Entscheidung, Entwurf, Planung)

Borghoff und Schlichter nennen außerdem noch die Klassifizierung nach dem 3K-Modell.[6]

Die Gruppenattribute der anwendungsorientierten Funktionsklassen werden unter Gliederungspunkt 3 an den jeweiligen Stellen genannt und näher erläutert.

2.1 RAUM-ZEIT-MATRIX

Die Anordnung nach den entsprechenden Raum- und Zeitmerkmalen in einer Vierfelder-Matrix ist die am weitesten verbreitete Einteilung von Groupware. Dies verdeutlicht, das die Vorteile ihres Einsatzes insbesondere in der Aufhebung von räumlichen und zeitlichen Grenzen liegen.

An dieser Systemeinteilung nach Raum und Zeit wird kritisiert, daß aufgrund der abgrenzenden Zuordnung zu den Quadranten die Entwicklung integrierter Ansätze erschwert wird.[7] In diesem Sinne sollte sie jedoch nicht verstanden werden, „... da ein umfassendes CSCW-System den Anforderungen aller vier Quadranten genügen muß."[8]

TABELLE 1   Computergestützte Gruppenarbeit – Vierfelder-Matrix der Groupware

	zur gleichen Zeit	zu verschiedenen Zeiten
am gleichen Ort	▪ Elektronischer Sitzungsraum ▪ Entscheidungsunter- stützungssystem für Gruppen	▪ Co-Autorensysteme ▪ Gruppenkalender
an verschiedenen Orten	▪ Gruppeneditor ▪ Telefonkonferenzen	▪ Elektronische Post ▪ Vorgangssteuerungssysteme

Quelle: Stickel (1997), S. 137

---

[5] Vgl. Stickel (1997), S. 136
[6] Vgl. Borghoff (1998), S. 120; nähere Ausführungen dazu auch unter Gliederungspunkt 2.2
[7] Vgl. Stickel (1997), S.136
[8] Borghoff (1998), S. 121

Sowohl bei der räumlichen als auch der zeitlichen Verteilung kann man noch detailliertere Abstufungen vornehmen.

Grudin z.b. hat die Kategorie „verschieden" um „verschieden, vorhersehbar" und „verschieden, nicht vorhersehbar" erweitert. Dadurch konnten auch der Aspekt der Mobilkommunikation berücksichtigt werden.[9] Nämlich dann z.b., wenn der Kommunikationsbedarf räumlich getrennter Personen zwar zur gleichen Zeit auftritt, aber ein virtuelles Treffen über entsprechendes Videokonferenzequipment aufgrund der Umstände nicht möglich ist. In dem Fall können die Gesprächsteilnehmer eine Mobilfunk-Konferenz über ihre Handies durchführen.

2.2   3K-MODELL

In diesem Klassifizierungsmodell wird unterstellt, daß die meisten Groupware Systeme in irgendeiner Form die Kommunikation, die Koordination und/oder die Kooperation bei der Gruppenarbeit besonders unterstützen. Je nach dem Grad, mit dem dieses geschieht wurden sie von Teufel et al. im unten abgebildeten Dreieck positioniert.[10]

ABBILDUNG 1 Klassifizierung nach dem 3K-Modell

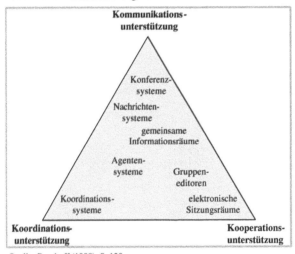

Quelle: Borghoff (1998), S. 128

---

[9] Vgl. Grudin (1994a), in Borghoff (1998), S. 121
[10] Vgl. Teufel et al. (1995), in Borghoff (1998), S. 127

3 ARBEITSWEISE

Groupware Systeme lassen sich grob in vier Funktionsklassen unterteilen: Kommunikationssysteme und Informationsräume, Konversations- und Koordinierungssysteme, Kooperationssysteme und Agentensysteme. [11] Diese, an Borghoff angelehnte Einteilung ist dabei keineswegs disjunkt, da sich manche Anwendungen mehreren Klassen zuordnen lassen. Auch zukünftig werden die Grenzen immer mehr verwischen und immer vielseitigere Anwendungen bzw. immer mehr ergänzbare Bausteine entwickelt.

Im folgenden sollen die einzelnen Klassen genauer beschrieben sowie Anwendungsbeispiele genannt werden.

3.1 KOMMUNIKATIONSSYSTEME UND INFORMATIONSRÄUME

3.1.1 Asynchrone Kommunikation

3.1.1.1 Elektronische Post

Der zeitlich differenzierte Informationsaustausch zwischen zusammenarbeitenden Personen ist Merkmal der asynchronen Kommunikation. Unter dieser Kategorie findet man das älteste und am weitesten entwickelte Groupware-Tool überhaupt – Elektronische Post.[12]

Dort werden die Informationen mit Hilfe eines Frontend-Texteditors in schriftlicher Form festgehalten und über ein Netzwerk (LAN, WAN, Intra- oder Internet) an den oder die Adressaten übermittelt. [13] Dieses Erstellen, Versenden und Empfangen sowie Anzeigen von Meldungen sind die Grundmerkmale eines jeden elektronischen Postsystems. Zusätzliche, inzwischen zum Standard gehörende Funktionen sind:

- die Angabe eines Betreffs, wodurch sich der Empfänger einen schnelleren Überblick verschaffen kann
- das Anhängen beliebiger Dateiformate – also auch von Stimm- oder Videoaufzeichnungen
- bestimmte Sortiermodi, z.B. nach Datum oder Absender

Besonders hervorzuheben sind die Möglichkeiten, per e-mail Nachrichten an mehrere Empfänger gleichzeitig zu versenden und sich über deren Abruf benachrichtigen zu lassen.

Jede elektronische Mailbox besitzt eine eindeutige Adresse. Diese setzt sich beim Bereichsadressierungsschema, welches vorherrschend verwendet wird, aus zwei Teilen zusammen – der erste identifiziert die Mailbox, der zweite den Server, auf dem sich diese befindet. [14] Ein Beispiel für diese Methode ist:

metzlers@student.hfb.de

Name   Zuordnung/Abteilung.Organisation/Universität.Land

---

[11] Vgl. Borghoff (1998), S. XII ff.
[12] Nach dem englischen Begriff electronic mail im folgenden auch kurz als e-mail bezeichnet.
[13] Vgl. auch im folgenden Schaub (1999), S. 1 f.
[14] Vgl. Kunhardt, S. 3

Daneben gibt es noch das OSI-Adressierungsschema, welches auf der Verwendung von Attributen basiert, die hierarchisch angeordnet sind und wobei deren Werte auf untere Rangstufen vererbt werden können. Für das Beispiel *Susann Metzler/Frankfurt/DWS/DeuBa* würde dies folgendermaßen aussehen:

Firma = Deutsche Bank → Abteilung = DWS → Ort = Frankfurt → Name = Susann Metzler

Infolge ihres Aufbaus ist diese Systematik durch das Hinzufügen neuer Attribute leicht erweiterbar.[15]

Eine versendete e-mail wird in einem Postfach auf dem Mail-Server abgelegt und kann dort von einem Empfänger von einem beliebigen Ort und zu jeder beliebigen Zeit abgerufen werden. Dies fördert auch die Zusammenarbeit in global tätigen Konzernen, denn per e-mail „... kann nicht nur innerhalb eines Lokalen Netzwerkes, sondern auch über internationale Datennetze weltweit kommuniziert werden."[16]

3.1.1.2 Gemeinsame Informationsräume

Groupware Systeme, die man unter dem Begriff gemeinsamer Informationsraum zusammenfaßt, sind solche, die die Verwaltung und Verteilung von Daten und Materialien zur gemeinsamen Nutzung unterstützen. Da der Informationsübermittlung ein ‚1:n-Modell'[17] zugrunde liegt, sind sie mit einer impliziten asynchronen Kommunikation gleichzusetzen. Oft werden sehr komplexe Datentypen verwendet, da sie Verbindungen zwischen den Daten selbst oder auch Multimedia-Elemente beinhalten.[18]

Das erste Beispiel für einen gemeinsamen Informationsraum sind *Bulletin Board Systeme*. Dabei handelt es sich um elektronische „schwarze Bretter", an welchen Meldungen verschiedener Benutzer gesammelt, nach Themen sortiert archiviert und den Lesern bei Bedarf zur Verfügung gestellt werden. Sie können als Diskussionsforen oder im Sinne von Rundschreiben und Inseraten genutzt werden. Jeder Teilnehmer kann auf die bisher eingestellten Beiträge zugreifen und bei Bedarf, und evtl. notwendiger Berechtigung, eigene hinzufügen.[19]

Beim zweiten Beispiel handelt es sich um *verteilte Hypertextsysteme*. Dies sind rechnerunterstützte Informationssysteme, die u. U. in multimedialen Knoten gespeichert und durch Kanten verbunden sind, wodurch ein semantisches Netz entsteht.[20] Es geht also um die nicht-lineare Darstellung von Informationseinheiten (Text, Grafik etc.), die durch Referenzen miteinander verbunden sind. Durch diese Struktur werden mit Hilfe entsprechender Graphenalgorithmen auch die Navigation und Suche ermöglicht. Die

---

[15] Vgl. Borghoff (1998), S. 302 f.
[16] Petrovic (1993), S. 90
[17] Die von einem [1] Benutzer eingestellte Information wird implizit an mehrere [n] Leser übermittelt.
[18] Schaub (1999), S. 4
[19] Vgl. Stickel (1997), S. 138
[20] Vgl. Borghoff (1998), S. 311

Erstellung von Hypertexten ist allerdings auch aufwendiger als die von linear strukturierten Texten. Das bekannteste verteilte Hypertextsystem ist das World Wide Web (WWW), aber auch die Intranets vieler größerer Firmen sind entsprechend aufgebaut.[21]

3.1.2 Synchrone Kommunikation

Synchrone Kommunikation bedeutet, sie findet zum gleichen Zeitpunkt, aber räumlich getrennt statt. Die entsprechenden Werkzeuge sind deswegen *Konferenzsysteme*. Mit ihnen sollen Arbeitszeiten und Reisen gespart werden. Durch die Zusammenschaltung eines oder mehrerer Kommunikationskanäle kann jeder Teilnehmer dem Konferenzverlauf folgen. Gemäß Stahlknecht und Hasenkamp unterscheidet man folgende Kategorien:[22]

* *Computerkonferenzen*, bei denen die Gruppenmitglieder rein textbasiert Informationen und Meinungen austauschen können. Dies geschieht in Form von e-mails oder auch Chats. Nachteilig ist, daß die Benutzer lediglich auf die Textmeldung beschränkt sind und Gesten und Mimik der anderen Konferenzteilnehmer nicht übermittelt werden.
* *Audiokonferenzen*, bei denen sich die Teilnehmer zur selben Zeit hören, aber nicht sehen können. Im strengen Sinne zählen dazu also schon Telefone, wobei moderne Telekommunikationsanlagen hier noch weitere Vorteile, wie z.B. nachträgliches Abhören der Konferenz für zum Termin verhinderte Mitarbeiter, bieten können. Bei diesen Systemen wird zumindest der Tonfall der Stimmen übertragen, woraus die Beteiligten schon gewisse Schlüsse ziehen können.
* *Bildfernsprechen*, wobei das Telefonsystem um Kamera und Bildschirm erweitert wird. Zur Übertragung nutzt man vorwiegend ISDN oder ADSL. Komplexere Systeme bieten erweiterte Funktionen und eine bessere Bildqualität, müssen allerdings in einem speziellen Raum fest eingerichtet werden und sind dementsprechend teuer.
* *Videokonferenzen*, bei denen sich die Teilnehmer nicht nur gleichzeitig sehen und hören, sondern auch gemeinsam physische Vorlagen wie Bilder, Dokumente oder Materialien etc. betrachten und verändern können. Heutzutage müssen die Teilnehmer dazu nicht einmal mehr ihren Arbeitsplatz verlassen, da sich Videokonferenzen auf der Basis von speziell ausgerüsteten PCs durchgesetzt haben. Man spricht daher auch von Desktopkonferenzen.

3.1.3 Mischformen

Es gibt auch Groupware, die man weder den synchronen noch asynchronen Kommunikationswerkzeugen zuordnen kann, da beides unterstützt wird. Als kurzes Beispiel soll hier das Internet-Tool *ICQ* genannt werden. Mit diesem kann man nicht nur asynchron Nachrichten versenden, sondern sich auch den Status des Empfängers anzeigen lassen und, im Falle, daß dieser auch online ist, zum synchronen Chatten auffordern.[23]

---

[21] Schaub (1999), S. 5
[22] Vgl. Stahlknecht (2002), S. 425
[23] Vgl. Schaub (1999), S. 4

3.2 KOORDINIERUNGSSYSTEME

Zu den Koordinierungssystemen zählen im weiteren Sinne auch *Workflow Management* und *Konversationssysteme*. Ersteres wurde von mir schon unter Punkt 1.2.1 abgegrenzt. Bei zweiteren handelt es sich im wesentlichen um Kommunikationssysteme bei denen bestimmte Nachrichtentypen festgelegt werden und deren Austausch einer bestimmten Gesetzmäßigkeit unterliegt.[24]

Bei den eigentlichen Koordinierungssystemen handelt es sich um Anwendungen, welche Tätigkeiten, wie die Organisation von Besprechungen, die Planung gemeinsam benutzter Ressourcen oder die zweckmäßige Verteilung der Arbeit, unterstützen und Fehlerquellen minimieren sollen.

Typischerweise werden dazu *Kalendermanagementsysteme* genutzt. Mit diesen ist es z.B. möglich Besprechungsanfragen zu versenden und gleichzeitig den benötigten Raum zu buchen. „Dabei ermittelt der Gruppenterminplaner unter Zuhilfenahme der individuellen Kalender freie Termine, ..., unterbreitet den Teilnehmern Vorschläge und koordiniert Bestätigungen bzw. Ablehnungen."[25] In elektronische Kalender können außerdem wiederkehrende Termine, wie regelmäßig stattfindende Besprechungen oder Geburtstage, eingetragen sowie Adreßbucheinträge verwaltet und innerhalb einer Arbeitsgruppe geteilt werden. Durch akustische und/oder visuelle Signale wird der Nutzer dann auf alle Verpflichtungen und Ereignisse aufmerksam gemacht.

Zusätzlich zum Terminmanagement kann man mit den Kalendersystemen auch Projektmanagement betreiben. Spezielle Werkzeuge koordinieren dabei die Aufgabenverteilung und -bearbeitung zwischen Gruppenmitgliedern. Anhand von to-do-lists können diese sich untereinander abstimmen und über den Stand der Arbeiten informieren. Dem Projektleiter wird mit solchen Instrumenten, unter gleichzeitiger Beibehaltung einer gewissen Kontrolle über den Verlauf, die Steuerung desselben erleichtert.[26]

Zur Koordination gehören auch Zugriffs- und Zugangskontrollen auf bestimmte Arbeitsmedien und die einzelnen Aktivitäten.

3.3 KOOPERATIONSSYSTEME

In der Literatur wird Kooperation eng mit dem Kommunikationsbegriff verknüpft. Bei der Kooperation steht stets eine Zusammenarbeit von zwei oder mehreren Personen zur Erreichung eines gemeinsamen Zieles im Mittelpunkt. Damit die dazu notwendigen, oft komplexen Handlung geplant und durchgeführt werden können, ist auch ein hohes Niveau an Kommunikation erforderlich. Da es auch oft vorkommt, daß eine Arbeit gleichzeitig von mehreren Personen verrichtet werden muß, spielen Echtzeitanforderungen eine wichtige Rolle.

---

[24] Für nähere Informationen siehe Borghoff (1998), S. 351 ff.
[25] Stickel (1997), S. 139
[26] Vgl. Stickel (1997), S. 139

3.3.1 Elektronische Sitzungsunterstützung

Groupware Systeme mit dem Zweck der elektronischen Sitzungsunterstützung finden bei sogenannten face-to-face-Sitzungen, also solchen, bei denen sich die Teilnehmer zur selben Zeit im selben Raum befinden, ihre Anwendung. [27]

Derlei Besprechungen nehmen, besonders bei Führungskräften, einen großen Teil der Arbeitszeit in Anspruch. Da sie jedoch sowohl aufgrund des erhöhten Austausches und der besseren Auswertung von Informationen als auch freigesetzter Synergien bei der Ideenerzeugung und -weiterverarbeitung von Nutzen für die Gruppenarbeit sind, kann nicht vollständig auf sie verzichtet werden. Also ist der Einsatz elektronischer Mittel zur Verbesserung von Effizienz und Effektivität notwendig.

Reale Konferenzräume werden entsprechend mit diesen ausgestattet. Im allgemeinen gibt es dort neben einem Konferenztisch mit Arbeitsplatzrechnern für die Teilnehmer auch eine elektronische Schautafel, ein *shared whiteboard*, welches für alle gut sichtbar positioniert ist und die Aufgaben einer konventionellen Tafel übernimmt. Im Gegensatz zur herkömmlichen erlaubt es die elektronische Version mehreren Nutzern gemeinsam über ein Netzwerk auf der Zeichenfläche zu arbeiten, welche dazu genutzt werden kann, Informationen in Bild oder Schrift festzuhalten und für die weitere Arbeit zu speichern. Dadurch können u.a. die üblichen, mit Sitzungen verbundenen, Probleme wie Erinnerungsmangel und Informationsüberfluß gelöst werden.

Ein anderer, damit zusammenhängender Nachteil, und zwar der der unvollständigen Berücksichtigung von Informationen bei der Bewertung und Entscheidungsfindung, wird durch die in moderne Anwendungen integrierten *Entscheidungsunterstützungssysteme* gemindert. Sehr oft sind auch Werkzeuge zur Sitzungsplanung, zur Ideenfindung und zur Durchführung von Abstimmungsprozessen enthalten.

3.3.2 Verteilte Dokumentensysteme

Bei dieser Funktionsklasse geht es hauptsächlich um die kooperative Dokumentenerstellung. Da es hier häufig kein eindeutiges, formal faßbares und vorhersagbares Ende gibt, ist klassisches Workflow Management nicht einsetzbar.

Statt dessen bietet sich die Verwendung von *Gruppeneditoren* an. Zu deren Funktionalitäten gehört im einfachsten Fall das Hervorheben von Textmarkierungen oder Anbringen von Kommentaren. Viele (z.B. neuere MS Word Versionen) unterstützen aber auch die Kennzeichnung von Änderungen durch verschiedene Personen. Dadurch läßt sich hinterher erkennen, welche Textstellen geändert oder gelöscht wurden. In der Regel ist bei Gruppeneditoren eine Trennung in eine Benutzer- und eine Zugriffsschicht zu erkennen,

---

[27] Vgl. auch für die folgenden drei Absätze Borghoff (1998), S. 392 f.

denn: „ Der hohe Grad an kollaborativer Aktivität erfordert weiterhin eine feine Granulität bei den Sperrvorgängen."[28]

Wenn es möglich ist, verschiedene Versionen eines Textes in einem Dokument zu speichern und gesondert zu bearbeiten, spricht man eher von *Co-Autorensystemen*. Diesen Ausdruck benutzt man auch in Programmierumgebungen (z.b. für das Betriebssystem LINUX) oder im CAD-Bereich. Bei erweiterten Co-Autorensystemen ist auch die synchrone Bearbeitung des gemeinsamen Materials nach dem WYSIWIS- Prinzip (What You See Is What I See), welches schon bei den elektronischen Schautafeln angewandt wurde, möglich.[29]

Ebenfalls zu den Kooperationssystemen können *Dokumentenmanagementsysteme* gezählt werden. Dabei geht es zum einen um öffentliche Ordner, welche von mehreren Personen oder Abteilungen nach vorheriger Festlegung von Sicherheitsrichtlinien benutzt werden können, und zum zweiten um die kurz- und mittelfristige Ablage bzw. langfristige Archivierung von Daten in eben solchen.[30] Dies erleichtert die Gruppenarbeit u.a. dadurch, weil Dokumente, die für mehrere Vorgänge benötigt werden, nicht mehr in Papierform transportiert werden müssen und somit die Wartezeiten für die mit den verschiedenen Aufgaben betrauten Mitarbeiter vermindert werden.

Abbildung 2 ordnet die Dokumentenmanagementsysteme in den zu unterstützenden Arbeitsablauf ein:

ABBILDUNG 2   Arbeitsweise von Workflow- und
Dokumentenmanagementsystemen

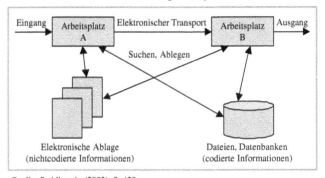

Quelle: Stahlknecht (2002), S. 429

---

[28] Borghoff (1998), S. 405
[29] Vgl. Stickel (1997), S. 139
[30] Vgl. Stahlknecht (2002), S. 428

3.4 AGENTENSYSTEME

In der Informatik wurde der Begriff des Softwareagenten in den 80er Jahren von Forschern auf dem Gebiet der Künstlichen Intelligenz eingeführt. Bis heute gibt es verschiedene Interpretationen des Begriffs und nur einige davon können auf Groupware angewendet werden, weswegen das Thema an dieser Stelle auch relativ kurz abhandelt wird.[31]

Borghoff und Schlichter halten u.a. folgende Eigenschaften von Agenten für nutzbringend bei der Gruppenarbeit:[32]

- *Autonome* Agenten können ohne Interventionen ihres Benutzers agieren und haben die Kontrolle über ihre Aktionen.
- Durch *soziale Kompetenz* können Agenten mit anderen Agenten kommunizieren und kooperieren.
- *Mobile* Agenten sind nach ihrer Übertragung auf einen entfernten Rechner auch von diesem ausführbar. Man spricht von *Migration*, wenn dies mehrmals geschehen kann. Der überwiegende Anteil mobiler Systeme verwendet *JAVA* als Agentensprache.
- Da Agenten *lernfähig* sind, können sie ihr Verhalten durch Erfahrung selbständig erweitern oder modifizieren und sich dadurch an neue Gegebenheiten anpassen.

Die Agententechnik kann dabei helfen, kosten- und zeitsparende Interaktionen zwischen unterschiedlichen Komponenten von Groupware Systemen zu realisieren.[33] Besonders die Gebiete der *agentenbasierten Informationsvermittlung* (z.B. in Form von Suchmaschinen für das Inter- und Intranet) und der *verteilten Terminplanung* profitieren vom Einsatz der Softwareagenten.

---

[31] Vgl. Meyer zu Uptrup (1997), S. 23
[32] Vgl. Borghoff (1998), S. 443 ff.
[33] Vgl. Meyer zu Uptrup (1997), S. 26

4 PROBLEMBEREICHE

4.1 TECHNOLOGISCHE ASPEKTE

Für die technische Integration von Groupware Systemen ist es wichtig, daß geeignete Schnittstellen zwischen der bestehenden Informationslandschaft und den neuen Anwendungen bestehen. Ist dies nicht der Fall, entstehen neue Informationsinseln, was einen negativen Einfluß auf die gesamte Organisation hätte.[34] Schlichter spricht auch vom *Prinzip der Nahtlosigkeit*, welches für einen reibungslosen Übergang zwischen verschiedenen Arbeitsmodi und Kommunikationsmedien steht.[35]

Noch sind viele Groupware Systeme mit *hohen Investitionen* verbunden. Diese Kosten können dazu führen, daß der Zugang nur auf bestimmte Personengruppen limitiert ist.[36] Gleichzeitig findet nicht immer eine ausreichende Auslastung statt, was auch darauf zurückzuführen ist, daß für Nutzung komplizierter Systeme *speziell ausgebildetes Personal* zur Verfügung stehen muß. Durch den *Mangel an Standards* erwerben diese Mitarbeiter dieses jedoch keine problemlos übertragbaren Fähigkeiten, was oft dazu führt, daß ähnliche Systeme gekauft und neue Entwicklungen ignoriert werden.

Ein weiteres Problem stellen die für manche Groupware Anwendungen, wie Internet und elektronisches Postsystem, benötigten offenen Strukturen dar, welche ein erhebliches *Sicherheitsrisiko* darstellen können. Nicht nur, daß die Möglichkeit besteht, sich von außen einzuhacken und wichtige Firmendaten zu stehlen, auch über e-mail ins System gelangte Computerviren kann erheblicher Schaden entstehen.

Dazu kommt, daß bei immer höherer Abhängigkeit von technischer Arbeitsunterstützung bei einem System- oder Stromausfall eigentlich keiner mehr leistungsfähig ist, da es kaum noch Tätigkeiten gibt, die ohne Hilfe von Computern und entsprechenden Groupware Systemen ausgeführt werden können.

4.2 SOZIOLOGISCHE UND PSYCHOLOGISCHE ASPEKTE

Die Konsequenzen des Einsatzes rechnergestützter Gruppenarbeit müssen jedoch auch aus soziologischer und psychologischer Sicht betrachtet werden. Es ist wichtig, daß die neuen Systeme nicht nur von einzelnen Personen, sondern der ganzen Gruppe akzeptiert werden. Dazu ist es notwendig, daß sie u.a. in der Lage sind unterschiedliche Rollenfestlegungen zu unterstützen und die herrschende Gruppendynamik zu berücksichtigen. Um diese Flexibilität zu gewährleisten, müssen Groupware Systeme in der Lage sein, Ausnahmen zu verarbeiten.[37]

---

[34] Vgl. Stickel (1998), S. 140
[35] Vgl. Schlichter (2000), S. 165
[36] Vgl. auch im folgenden Borghoff (1998), S. 134
[37] Vgl. Schlichter (2000), S. 164

In der folgenden Tabelle werden Vor- und Nachteile des Einsatzes von Groupware Systemen, nach den verschiedenen Rollen geordnet, aufgezählt:

TABELLE 2   Nutzen und Risiken bei verschiedenen Rollen in der Gruppe

Rolle in der Gruppe	Nutzen von CSCW	Risiken von CSCW
Manager	• schnellere Kommunikation mit Kollegen und Stab • auf relevante Information kann der Manager selbst zugreifen, auch während einer Sitzung • Vorgangssysteme erlauben bessere Kontrolle des Fortschritts	• Manager, die CSCW-Werkzeuge nicht bedienen können, fühlen sich benachteiligt und ausgeschlossen • Reduzierung der *face-to-face*-Sitzungen, da sich der Manager zu sehr auf Kommunikationssystem verläßt
Expertin	• Kommunikation mit Kollegen wird einfacher • fachmännische Auskunft ist leichter zu finden • Verbesserung von Kreativität und Innovation	• zeitintensive Kommunikation und somit weniger Zeit, um selbst Arbeiten auszuführen • durch Kommunikation nach außen erhöhtes Risiko, daß sensitive Informationen ebenfalls nach außen gelangt
Sekretär	• Erleichterung bei der Terminplanung • weniger Papierarbeit und weniger Aufwand beim „Nachlaufen" von Personen	• falls nicht jeder ein CSCW-System benutzt, muß Arbeit u.U. zweifach ausgeführt werden

Quelle: nach Borghoff (1998), S. 134

Damit eine Anwendung nicht zum Mißerfolg wird, sollte es keine Disparität geben zwischen dem, der die Arbeit macht und dem, der den Vorteil erhält. Auch muß darauf geachtet werden, daß keine sozialen Tabus verletzt oder Benutzer durch zu unausgereifte Anwendungen demotiviert werden.[38]

Es kann aber auch zu Problemen kommen, wenn ein System gut etabliert ist und die Nutzer daraus erwachsende persönliche Vorteile erkannt haben. Dies zeigt sich z.B. an übermäßigem privatem Internet-Surfen am Arbeitsplatz oder auch dem Versenden verschiedenster unprofessioneller und häufig umfangreicher Dateianhänge über das betriebliche e-mail-System. Nicht nur, daß dies die Firmen Zeit und Geld kostet, auch die Gefahr bei anderen Gruppenmitgliedern Schamgefühle zu verletzen steigt an.

---

[38] Vgl. Schlichter (2000), S. 166

5 BETRIEBLICHE ANWENDUNG

5.1 BEISPIEL LOTUS NOTES

Das wohl bekannteste und erfolgreichste Groupware System ist Lotus Notes aus dem Hause
IBM. Vielen nur als System für elektronische Post bekannt, handelt es sich eigentlich um „...
ein auf e-mail und Datenbankanwendungen basierendes Bulletin-Board-System ...".[39] Damit
können alle Organizerfunktionen, wie e-mail, Kalender und Gruppenterminplanung auf einer
einzigen anpaßbaren Benutzeroberfläche präsentiert werden. Bei neueren Versionen sind auch
noch Web-Browsing sowie Informationsverwaltung möglich. Durch Datenabgleich mit PCs,
Faxen und PalmPilots ist es zudem für zu koordinierende Mitarbeiter im mobilen Einsatz gut
geeignet.[40]

Durch diese Flexibilität im großen Rahmen ist Lotus Notes besonders für Firmen interessant,
während sich dieses Konkurrenzprodukt zu Microsoft® Outlook™ im Privatbereich bis dato
noch nicht wirklich durchsetzen konnte.

In Unternehmen findet man für Lotus Notes z.B. Einsatzmöglichkeiten als:

- *Mitarbeiterinformationssysteme*, bei denen die Nutzer für sich selbst ein ‚Leserprofil‘
  erstellen und daraufhin täglich vom System die entsprechend vorsortierten, semi-
  strukturierten Nachrichten zugesandt bekommen[41]
- *Teampostkorb*, von welchem aus an die allgemeine Firmenadresse (i.d.R. info@...)
  gerichtete e-mails an die zuständigen Abteilungen weitergeleitet und deren
  Bearbeitungsweg nachvollzogen werden können

oder als Plattform für:

- *Flottenmanager für Firmenwagen*
- *Websitemanagement-Systeme*

ABBILDUNG 3

Screenshot Lotus Notes Version 5

---

[39] Borghoff (1998), S. 143
[40] Vgl. http://www.lotus.de
[41] Vgl. Kempis (1998), S.105 f.

5.2 BEISPIEL OCTOSUIT®

OCTOSuit® ist ein Produkt der IntraWare AG. Es ist ein CRM-System, welches sowohl Lotus Notes- als auch Internet-basiert angeboten wird und die vier Module OCTOOffice®, OCTOCall®, OCTOHelp® und OCTOSchedule® umfaßt.[42]

Von diesen kann der Baustein OCTOOffice® als für die Gruppenarbeit besonders interessant erachtet werden. Dabei handelt es sich um eine branchenunabhängige Softwarelösung zur Verwaltung von Kunden und Kontaktpersonen. [43] Es ist möglich alle Kommunikationsdaten rund um Kundenbeziehungen zu erfassen und dokumentieren. Dadurch ist die Pflege der Geschäftsbeziehung nicht mehr an einen Mitarbeiter gebunden, sondern kann von jedem Gruppenmitglied adäquat übernommen werden. Die Möglichkeit zur Erstellung von Serienbriefen direkt aus dem System bringt hier weitere Vorteile.

Außerdem ist es möglich, betriebsinterne Aufgaben an einzelne Mitarbeiter oder ganze Gruppen zu verteilen, und sie somit besser zu steuern und kontrollieren.

Da die Anwendung an ein Data Warehouse System gekoppelt werden kann, ist es auch möglich, datenbankübergreifende Auswertungen, wie z.B. ABC-Analysen, durchzuführen.

Die in den Modulen enthaltenen Daten sind größtenteils hierarchisch aufgebaut und die Anzeige erfolgt, wie man in der nachfolgenden Abbildung erkennen kann, nach dem von Lotus Notes schon bekannten System von aufklappbaren Ordnern.

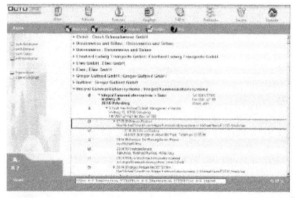

ABBILDUNG 4

Screenshot OCTOOffice®

OCTOOffice® und OCTOSchedule® unterstützen v.a. die Zusammenarbeit von Mitarbeitern im Außendienst und die Koordinierung derer Tätigkeiten.

---

[42] Vgl. http://www.intraware.de
[43] Vgl. auch im folgenden IntraWare AG (2001), S. 1

6 FAZIT UND AUSBLICK

Wie aus der Arbeit ersichtlich wurde, gibt es neben vielen noch entwicklungsfähigen Funktionsklassen der Groupware, auch solche, die nicht mehr aus dem Arbeitsleben wegzudenken sind. Dazu gehören natürlich v.a. e-mail- und Kalendermanagementsysteme wie auch das Internet. Diese sind inzwischen schon ziemlich ausgereift und von den Benutzern akzeptiert und geschätzt. In Zukunft werden wohl immer mehr traditionelle Aufgaben damit abgewickelt werden können.

Von hoher wirtschaftlicher Bedeutung für Firmen sind Desktopkonferenzsysteme, da durch diese erhebliche Reisekosten sowie Zeit und Nerven der Mitarbeiter gespart werden können. Hierbei können besonders neuere Techniken wie Internettelefonie oder UMTS zum Einsatz kommen.

Es ist zu erwarten, daß die einzelnen Anwendungen immer vielseitiger und komplexer werden. Somit ist die Tatsache, daß durch neue Techniken die Mitarbeiter auch gezwungen sind, neue Kompetenzen herauszubilden, besonders zu beachten. Hier gilt es für die Entwickler von Groupware Systemen ein gesundes Maß an Herausforderung zu finden und Überforderung zu vermeiden, da die Gruppenarbeit sonst, bei Nichtakzeptanz durch die Anwender, eher gehemmt wird, was dem eigentlichen Ziel zuwiderläuft.

7 LITERATURVERZEICHNIS

Borghoff, U.M. / Schlichter, J.H., Rechnergestützte Gruppenarbeit. Eine Einführung in Verteilte Anwendungen, Berlin: Springer 1998

Heinrich, L.J. / Roithmayr, F., Wirtschaftsinformatik-Lexikon. München: R. Oldenbourg 1998

IntraWare AG (Hrsg.), Factsheet OCTOOffice®. Stand September 2001

Kempis, R.-D. u.a. (Hrsg.), do IT smart. Wien: Ueberreuter 1998

Kunhardt, H., Geschäftsprozesse. Skript zur Folge 7, Workgroupcomputing, Praxis, Fachhochschule Deggendorf
[liegt als Internetdokument vor]
URL: http://www.fh-deggendorf.de/doku/fh/meile/bachelor/lehre/gp/f7/skript7.doc
[Zugang: 11.03.2002]

Meyer zu Uptrup, J.F., Einsatz von mobilen Agenten in Intranet-Anwendungen. Diplomarb. Nr. 1562, Univ. Stuttgart 1997
[liegt als Internetdokument vor]
URL: http://elib.uni-stuttgart.de/opus/volltexte/1999/380/pdf/380_1.pdf
[Zugang: 19.03.2002]

Petrovic, O., Workgroup Computing – Computergestützte Teamarbeit. Informationstechnologische Unterstützung für teambasierte Organisationsformen, Heidelberg: Physica-Verlag 1993

Schaub, T. / Bamberger, D., CSCW-Tools. Seminararb., Univ. Koblenz-Landau 1999
[liegt als Internetdokument vor]
URL: http://www.uni-koblenz.de/~dominikb/papers/cscw.pdf [Zugang: 18.03.2002]

Schlichter, J.H., Lehrveranstaltung „Computergestützte Gruppenarbeit". (CSCW, Groupware), TU München SS 2000
[liegt als Internetdokument vor]
URL: http://www11.informatik.tu-muenchen.de/lehre/lectures/ss2000/cscw/extension/CSCW-ss2000-special-vhb.pdf
[Zugang: 13.03.2002]

Stahlknecht, P. / Hasenkamp, .U., Einführung in die Wirtschaftsinformatik. Berlin: Springer 2002

Stickel, E. / Groffmann, H.-D. / Rau, K.-H. (Hrsg.), Gabler-Wirtschaftsinformatik-Lexikon. Wiesbaden: Gabler 1997

http://www.intraware.de

http://www.lotus.de